Para você que perdeu o seu amor

Dados Internacionais de Catalogação na Publicação (CIP)
Angélica Ilacqua CRB-8/7057

Para você que perdeu o seu amor : caminhos para lidar com o luto por viuvez / Leticia Carneiro...[et al.]. — São Paulo : Editora Ágora, 2025.

96 p. : il. ; 21 cm.

Outras autoras: Maria Lívia de Abreu, Marianne Branquinho, Luciana Mazorra
ISBN 978-85-7183-348-7

1. Luto 2. Viuvez 3. Viúvos — Aconselhamento I. Carneiro, Leticia

25-0830   CDD 155.644

Índice para catálogo sistemático:
1. Luto

Compre em lugar de fotocopiar.
Cada real que você dá por um livro recompensa seus autores
e os convida a produzir mais sobre o tema;
incentiva seus editores a encomendar, traduzir e publicar
outras obras sobre o assunto;
e paga aos livreiros por estocar e levar até você livros
para a sua informação e o seu entretenimento.
Cada real que você dá pela fotocópia não autorizada de um livro
financia o crime
e ajuda a matar a produção intelectual de seu país.

Para você que perdeu o seu amor

Caminhos para lidar com o luto por viuvez

Leticia Carneiro
Maria Lívia de Abreu
Marianne Branquinho
Luciana Mazorra

PARA VOCÊ QUE PERDEU O SEU AMOR
Caminhos para lidar com o luto por viuvez
Copyright © 2025 by Letícia Carneiro, Maria Lívia de Abreu,
Marianne Branquinho e Luciana Mazorra
Direitos desta edição reservados por Summus Editorial

Editora executiva: **Soraia Bini Cury**
Revisão: **Samara dos Santos Reis**
Capa: **Alberto Mateus**
Projeto gráfico: **Crayon Editorial**
Diagramação: **Natalia Aranda**

Editora Ágora

Departamento editorial
Rua Itapicuru, 613 – 7º andar
05006-000 – São Paulo – SP
Fone: (11) 3872-3322
http://www.editoraagora.com.br
e-mail: agora@editoraagora.com.br

Atendimento ao consumidor
Summus Editorial
Fone: (11) 3865-9890

Vendas por atacado
Fone: (11) 3873-8638
e-mail: vendas@summus.com.br

Impresso no Brasil

Sumário

Prefácio 7
Como usar este livro 11
Se você é profissional que trabalha com luto
    e pessoas enlutadas 13
O que você precisa saber sobre o luto 15
Genealogia de um amor 17
Álbum de lembranças 19
Frases que as pessoas dizem, mas não deveriam 23
Tudo bem quando... 27
Lidando com as emoções 31
Estratégias de autorregulação 33
Maleta de primeiros socorros 39
Rede de apoio: com quem posso contar 41
Guia "prático" da viuvez 43
Rituais sem manual de instrução 47
As minhas, as suas e as nossas lembranças 51
Nosso laço, nosso elo 53
Laços que nos unem 57
A nova identidade (meu novo mundo sem você) 59
Reaprendendo papéis 63
Novos relacionamentos 67
Levo o passado para minhas novas relações? 71
Quando procurar ajuda profissional 75
O olhar de quem viveu a perda do seu amor 81
Anexo I — Guia da despedida: principais providências
    práticas 83
Anexo II — Usando aplicativos de relacionamento
    e redes sociais com segurança 87
Anexo III — Indicações de leitura 93

Prefácio

As autoras deste livro o apresentam como um "companheiro gentil", essencial para momentos de desestruturação após a perda da pessoa amada. Gostei dessa perspectiva, porque é de companhia que mais se precisa quando morre nosso(a) companheiro(a) de vida. Não se trata de um roteiro, mas de uma mão gentil, de um diário a serviço da pessoa enlutada, de seus familiares e dos profissionais que dela cuidam.

De forma didática e acolhedora, a obra aborda a complexidade do luto, sua trajetória nada linear, oscilante, sem fases nítidas, sem modelo. Longe de ser um livro teórico, temos em mãos um guia generoso que ajudará o(a) leitor(a) a atravessar esse momento tão crítico e desestruturador.

Por meio de atividades e reflexões, as autoras propõem que a pessoa enlutada entre em contato com sua história, considerando os recursos internos de que dispõe. A experiência do luto acontece num contexto social do qual não se consegue fugir. A ideia é legitimar o processo vivido, e não moldá-lo. Descobrir formas de lidar com situações de crise oferece à pessoa uma sensação de controle, tão importante quando o mundo se mostra inseguro e hostil. Assim, o luto pode se transformar em uma ferramenta de autoconhecimento.

Partindo de sua vasta experiência clínica, as autoras mostram que a rede de apoio — família, amigos e colegas de trabalho — é importante para validar sentimentos e tomar providências práticas. Nesse sentido, a boa comunicação também é fundamental para evitar impasses e frustrações.

Partindo de situações reais que os enlutados costumam enfrentar — por exemplo, o que fazer com roupas e objetos da pessoa falecida e a burocracia que se apresenta depois da morte —, o livro dá orientações e dicas práticas que fazem toda diferença em meio à situação caótica que é vivenciada por aqueles que perdem o seu amor. Situações cotidianas podem evocar a memória da pessoa perdida. Ao identificar o que causa sofrimento, é possível aprender a lidar com essas situações de forma mais suave no futuro, administrando melhor os sentimentos — muitas vezes contraditórios — suscitados pela perda.

As autoras também mostram que os rituais são elementos importantes para lidar com perdas significativas. Prepará-los com antecedência, considerando experiências anteriores (positivas ou negativas), garante que sejam mais significativos para a pessoa enlutada e o seu entorno. A pandemia de covid-19 evidenciou o impacto da interdição de rituais; muitas pessoas ainda sofrem pela impossibilidade de velar seus entes queridos e receber apoio social.

Fica claro nestas páginas que a morte não encerra a presença da pessoa amada em nossa vida; a identidade de cônjuge se transforma, mas não se perde. O passado se integra ao

Prefácio

presente, e um novo relacionamento, caso surja, será uma vivência distinta, não uma substituição. Embora comparações com o relacionamento anterior possam ocorrer, elas exigem reflexão cuidadosa.

O luto é um processo psicológico intenso, e não uma doença, como enfatizam as idealizadoras desta obra. Muitas vezes, a pessoa enlutada consegue lidar com a perda utilizando os próprios recursos e o apoio de pessoas próximas. A psicoterapia pode ser um auxílio valioso, mas não é sempre necessária. No entanto, em caso de sofrimento intenso, que coloca em risco a saúde física e mental do enlutado, a psicoterapia é fundamental. Também é importante considerar a necessidade de terapia quando o enlutado demonstra dificuldade de se adaptar à vida após a perda. Vale ressaltar que a psicoterapia só é eficaz se a pessoa estiver disposta a se engajar no processo. A decisão final de buscar ajuda profissional precisa partir dela.

Este livro original combina conhecimento essencial sobre o luto com a análise das transformações emocionais após grandes perdas. Ele incentiva o autoconhecimento e a validação das experiências vividas. Permite registrar e revisitar momentos do luto, focando no amor e na perda. Além de ser um guia acessível para o(a) leitor(a) em luto, serve como referência para profissionais de saúde.

MARIA JULIA KOVÁCS
Professora sênior do Instituto de Psicologia
da Universidade de São Paulo (USP)

Como usar este livro

Este livro é um convite para você que perdeu o seu amor.

O luto por alguém que faz parte da nossa vida tão intensamente faz que a gente também se perca no que antes era seguro e conhecido. Nossa bússola interna fica descalibrada.

Como uma vereda — um caminho —, nesse momento em que muitas coisas se perdem, este livro pretende ser um companheiro gentil que o(a) ajude a olhar para esse vazio de maneira amorosa. Não há garantia de que será fácil, mas a intenção é que as atividades propostas aqui cheguem de maneira oportuna e no tempo propício, e que possam acolher todos os sentimentos que estão dentro de você agora.

Com certeza, a principal conversa aqui é sobre o amor, apesar da dor da perda.

Vem conosco?

Se você é profissional que trabalha com luto e pessoas enlutadas

Este livro pode ser usado como uma ferramenta de apoio no processo psicoterápico de pessoas enlutadas por viuvez, promovendo a expressão emocional, a psicoeducação e a construção de significado diante da perda. Não há uma ordem determinada de capítulos a ser seguida, mas as atividades podem ser trabalhadas de acordo com as necessidades e demandas de cada paciente.

O que você precisa saber sobre o luto

Antes de começar, vamos falar sobre o processo de luto. Muito se estuda sobre esse momento que você está passando, e isso pode ajudar a compreendê-lo e a cuidar do que restou.

Você deve ter percebido que seus pensamentos e emoções oscilam com frequência. Repare que os pensamentos, às vezes, são tão contraditórios que geram estranhamento. Chamamos isso de modelo do processo dual do luto[1]: em determinados momentos, você foca exclusivamente em tudo que perdeu junto com a partida do seu amor; em outros, consegue lidar com as tarefas do cotidiano, procura reorganizar a vida e reconhece suas potências.

É importante dizer que isso é saudável. Pode não ser agradável ou previsível, mas as oscilações auxiliam no processo de luto. Aliás, ele não tem começo, meio e fim. Os caminhos sofrem desvios e pode-se recalcular a rota a todo momento.

---

* Margaret Stroebe e Henk Schut, "The dual process model of copying with bereavement: rationale and description". *Death Studies*, v. 23, n. 3, p. 197-224, 1999.

Não há uma linha de chegada, até porque seu amor não vai acabar em virtude da partida, mas se remodelar à nova vida que você vai construir a partir de agora.

O tema das fases do luto é muito comum, mas elas não acontecem num encadeamento rígido. A previsibilidade pode ser algo que conforta, mas também pode prender você em um *script* que não existe. Cada processo de luto é único, assim como seu amor o era.

Este livro também segue esse raciocínio. Você encontrará aqui uma sequência de capítulos, mas não é preciso segui-los de maneira linear. Algumas atividades podem suscitar emoções difíceis, com as quais você não deseja lidar no momento. Fique à vontade para passear pelos capítulos, permitindo que a proposta o(a) toque de maneira segura. As atividades foram pensadas de forma encadeada, mas é sempre você quem dita o caminho.

Genealogia de um amor

Conte mais sobre você e seu amor. Qual era o nome dele(a), suas características físicas e pessoais. Ele tinha algo peculiar? Alguma mania, jeito de andar ou de falar? Do que você mais se lembra neste momento?

Conte também como vocês se conheceram. Você se lembra do que sentiu no começo da relação? Ou de quando percebeu que havia se apaixonado?

Do que você mais gostava no seu amor? E na relação de vocês? O que o(a) fazia rir, o que o(a) irritava?

Conte uma história engraçada vivida por vocês. Que viagens ou programas especiais fizeram juntos?

Se sentir vontade, este é o espaço para registrar fotos e lembranças. Que tal criar uma lista de músicas que marcaram o relacionamento de vocês? Ou talvez transcrever uma receita especial? Fotos de lugares inesquecíveis são bem-vindas.

Para você que perdeu o seu amor

NOSSA HISTÓRIA

Álbum de lembranças

NOSSAS MÚSICAS FAVORITAS

Para você que perdeu o seu amor

FOTOS ESPECIAIS

Álbum de lembranças

HISTÓRIAS ENGRAÇADAS

RECEITAS FAVORITAS

Para você que perdeu o seu amor

O QUE MAIS VOCÊ QUISER REGISTRAR

Frases que as pessoas dizem, mas não deveriam

É comum que, na tentativa de aliviar a dor do enlutamento, familiares e amigos digam coisas que podem ser pouco empáticas e causar muito sofrimento.

Uma parte importante de lidar com o luto é dar-se a permissão para reconhecer situações que ferem você e, a partir daí, desenvolver estratégias de autoproteção.

Para começar, identifique as frases mais difíceis que escutou

Por exemplo:

→ "Você é jovem, logo encontrará alguém."
→ "Pelo menos vocês não tiveram filhos."
→ "Deus sabe o que faz."
→ "Você precisa ser forte."
→ "Ele(a) está em um lugar melhor agora."

Para você que perdeu o seu amor

Complete com outras frases difíceis:

Frases que as pessoas dizem, mas não deveriam

Escolha as frases mais difíceis. Agora, pense em como se sentiu em relação a cada uma delas

Na ocasião, que estratégias utilizou para lidar com elas? Pensando agora, você faria diferente?

FRASES DIFÍCEIS	Estratégia para lidar	Possíveis novas estratégias
1		
2		
3		
4		
5		
6		
7		
8		
9		
10		

Tudo bem quando...

Ao viver o luto pela perda de um amor, é possível que você sinta necessidades que pareçam inusitadas para outras pessoas. É muito importante que você possa expressar seu luto da forma que lhe fizer sentido. A regra de ouro é: se não está fazendo mal a você nem a ninguém, por que não?

Neste sentido, há uma série de situações ou experiências que são comuns aos indivíduos que, como você, estão vivenciando a perda de uma pessoa querida.

Este capítulo visa oferecer apoio para comportamentos que podem parecer estranhos, mas são apenas a sua maneira singular de lidar com uma perda tão significativa.

Tudo bem quando...
Você não quiser se desfazer das coisas do seu amor.

Você quiser se desfazer das coisas do seu amor o mais rápido possível.

Para você que perdeu o seu amor

Tudo bem quando...
Você tiver episódios de esquecimento ou se desorganizar até mesmo nas tarefas banais do dia a dia.

Tudo bem quando...
Você sentir raiva de quem partiu por ter lhe deixado só.

Tudo bem quando...
Você sentir que a pessoa ainda está viva e se chocar ao se dar conta de que o seu amor não está mais presente no seu cotidiano.

Tudo bem quando...
Você sentir raiva ou profunda irritação com os comentários inadequados que as pessoas fazem na tentativa de consolá-lo(a).

Tudo bem quando...
Você alternar momentos de tristeza e dor com movimentos para seguir em frente (sair com amigos, retomar as atividades, trabalhar).

Tudo bem quando...
Você não souber o que responder quando alguém perguntar: "O que posso fazer por você?"

Complete a lista com exemplos seus...

TUDO BEM QUANDO...

Lidando com as emoções

Tomar contato com as emoções facilita o processo de lidar com elas. Também é importante saber que não existem emoções positivas ou negativas. É melhor chamá-las de "agradáveis" e "desagradáveis". Isso quer dizer que todas as emoções servem a um propósito: ajudar você a lidar com o seu luto.

A **tristeza** pode convidar a um recolhimento e abrir espaço para manifestações de pesar como o choro. Também pode suscitar conversas.

A **raiva** pode ser um combustível para você seguir em frente ou tomar contato com as frustrações de ver seu mundo de cabeça para baixo. Diante de uma perda significativa, é natural protestar e querer voltar no tempo ou recuperar a pessoa perdida.

O **medo** pode indicar cuidados importantes a serem tomados, e talvez seja um convite para que você peça ajuda. É natural ter medo diante do novo e do desconhecido e temer não conseguir sobreviver à perda.

No caso específico do luto, talvez seja especialmente difícil encontrar acolhimento. Isso porque existe um tabu diante da morte e as pessoas têm muita dificuldade de lidar com reações emocionais como choro, rompantes de raiva ou tristeza.

Um dos sentimentos comuns durante o enlutamento é o de **angústia**. No caso da perda de um amor, a sensação de uma vida incompleta e de sonhos interrompidos costuma ser excruciante. Nessa hora, é fundamental buscar apoio e estratégias de autorregulação para lidar com a angústia de forma segura e afetuosa.

Nas próximas páginas, você vai encontrar estratégias para lidar com a angústia e com outras emoções difíceis.

Estratégias de autorregulação

Imagine que as emoções são como ondas do mar: em alguns dias, estão mais calmas; em outros, mais agitadas. Você não tem o poder de controlar as ondas, mas pode aprender, como um bom marinheiro, a lidar com as oscilações das águas.

Em outras palavras, é disto que trata a "regulação emocional": da capacidade de reconhecer as emoções, aceitá-las e lidar com elas de forma mais consciente — para que você possa respirar em vez de simplesmente reagir de forma automática.

Embora no calor da emoção não seja tão simples quanto na teoria, aprender a navegar nas ondas do mar é questão de treino. Veja a seguir algumas formas de lidar com as emoções difíceis.

PASSO 1: **mapear e nomear as emoções**

Diversas técnicas são úteis para navegar o mar turbulento das emoções do luto. Mais adiante, você vai conhecer a técnica RAIN, uma das muitas opções. Um ponto em comum entre elas é o convite para tomar contato mais íntimo com o que se passa em seu coração.

O primeiro passo é ampliar seu repertório sobre sentimentos:

1. Qual é a emoção "de base" que você está sentindo?

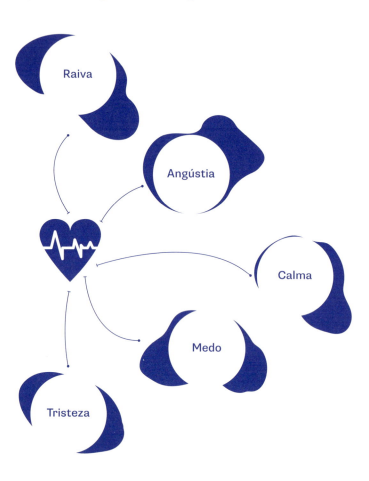

Estratégias de autorregulação

2   Aumentando a precisão: use o *checklist* a seguir para verificar que emoções você está sentindo agora (lembre-se de que é possível sentir mais de uma emoção ao mesmo tempo, inclusive aquelas aparentemente conflitantes, como alegria e tristeza.)

Alegria ☐	Alívio ☐
Angústia/agonia ☐	Ansiedade ☐
Apatia ☐	Apreensão/preocupação ☐
Arrependimento/culpa ☐	Atordoamento/confusão ☐
Bom humor ☐	Calma ☐
Cansaço ☐	Carinho/ternura ☐
Choque ☐	Compaixão ☐
Conexão com o seu amor ☐	Coragem ☐
Desânimo/desalento ☐	Desapontamento ☐
Desconexão ☐	Desespero ☐
Entorpecimento ☐	Exaustão/esgotamento ☐
Frustração ☐	Gratidão ☐
Impaciência ☐	Impotência ☐
Inveja ☐	Irritação ☐
Mágoa/ressentimento ☐	Mau humor ☐
Medo ☐	Nostalgia/saudade ☐
Orgulho ☐	Pessimismo ☐
Raiva ☐	Resignação ☐
Serenidade/paz ☐	Sobrecarga/assoberbamento ☐
Solidão ☐	Surpresa/perplexidade ☐
Susto/sobressalto ☐	Tédio ☐
Tristeza ☐	Vazio ☐
Vergonha ☐	Vitalidade ☐

Para você que perdeu o seu amor

OUTROS SENTIMENTOS/EMOÇÕES

1
2
3
4
5
6
7

Estratégias de autorregulação

PASSO 2: elaborando emoções com a técnica RAIN

1. **Reconhecer** ◄ O primeiro passo é identificar e nomear a emoção que você está sentindo. Diga a si próprio(a): "Estou me sentindo..."

2. **Aceitar** ◄ Nessa hora, é comum o impulso de rejeitar a emoção — "não quero me sentir assim". Porém, as emoções são incontroláveis, lembra? Permita que elas estejam presentes. Aceite que, assim como as ondas, as emoções vêm e vão.

3. **Investigar** ◄ Não se trata de encontrar as causas das emoções, mas de focar no seu corpo. Que sensações você consegue observar? Mudança nos batimentos cardíacos? Respiração mais ofegante? Rosto ruborizado? Formigamento? Identificar os sinais no corpo tem dupla função: a) familiarizá-lo(a) com cada emoção para que você consiga reconhecê-la de forma mais ágil em uma situação futura; b) tirar o foco da espiral de pensamentos e recriminações — que, nesse momento, só intensifica as emoções — e focar nas sensações do seu corpo.

4. **Não se identificar** ◄ Emoções são transitórias, vêm e vão. Ser capaz de olhar para elas de forma distanciada permite que sejamos mais gentis e compreensivos. "Posso estar com raiva, mas não sou uma pessoa raivosa."

Depois de usar a técnica RAIN, é interessante compreender quais foram os "gatilhos" para determinada emoção: alguma situação agudizou seus sentimentos?

Pense numa emoção que está muito forte agora. O que pode tê-la despertado?

EMOÇÃO	SITUAÇÃO

Maleta de primeiros socorros

Você pode tentar mapear estratégias próprias para enfrentar os momentos em que as ondas estão mais agitadas, a saudade, mais intensa, a dor, mais sufocante.

A ideia é montar um kit de primeiros socorros para esses momentos mais difíceis.

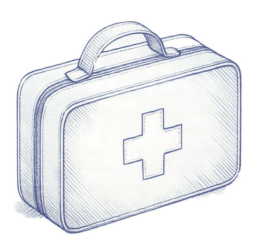

Tente pensar agora... O que lhe traz calma? E conforto? O que ameniza a sua dor?

Talvez seja fazer um chá quentinho, ou buscar o colo de uma amiga, ou se distrair assistindo a um filme água com açúcar, ou sair para caminhar sem destino...

São inúmeras possibilidades. E não existe certo ou errado, o importante é que faça sentido para você. Por isso, essa maleta vai sendo montada aos poucos, com base nas suas experiências.

Talvez você ainda não tenha ideia do que pode fazer para se ajudar, mas já sabe o que pode *atrapalhar*. Esse também é um bom começo — identificar situações, lugares, pessoas e contextos que dificultam o seu luto.

Mapear essas ações ajuda a resgatar a sensação de controle sobre a própria vida, a ter mais autonomia e a desenvolver seu autoconhecimento nesse processo.

Rede de apoio: com quem posso contar

Pense na ideia da rede: vários nós e conexões que, juntos, servem de leito para momentos difíceis e de balanço para momentos de descontração.

Com certeza você já se questionou sobre sua rede de apoio ou teve algumas surpresas com ela. Antes de tudo, pense na sua rede de apoio antes da sua perda e na que tem estado mais perto de você agora.

Até mesmo pessoas que amam você ou em quem você confia podem ter dificuldade de ser esse esteio. Lembre-se de que isso não tem relação com você, mas sim com a maneira como cada um maneja esse tipo de dor.

Às vezes, determinada pessoa é boa ouvinte, mas outra é hábil para lidar com assuntos burocráticos. Há ainda aqueles que conseguem nos ajudar a organizar a casa, a cozinhar ou a cuidar dos filhos.

Como cada ser humano é diferente, cada membro da sua rede de apoio pode ter uma função. Pense nas pessoas que o(a) cercam e no que fizeram para ajudar. Concentre-se na qualidade do apoio, e não na quantidade de nós da sua rede!

Agora que você elencou e catalogou sua rede de contatos, consegue se imaginar se deitando nela? Deite-se para descansar e relaxar. Imagine-se desfrutando desse momento. Como você se sente?

NOME	TELEFONE	COMO PODE ME AJUDAR

Guia "prático" da viuvez

Não há nada de prático no luto. É natural que tudo fique mais sensível. Você está se acostumando com essa nova realidade enquanto muitas pessoas podem demandar sua atenção e energia. Algumas buscarão informações, outras estarão afetadas pela perda e podem gerar sobrecarga.

Alguns aspectos que podem ser úteis

→ Delegar tarefas: identifique na sua rede de apoio quem pode ajudar com a comunicação, a alimentação, as tarefas burocráticas ou de rotina, o cuidado das crianças.
→ Cuidar de você: avalie suas necessidades de descanso, escuta, nutrição etc.
→ Pedir ajuda especializada se sentir necessidade: nutricionista, terapeuta, massagista etc.
→ Adiar tudo que pode esperar, concentrando-se nas medidas mais urgentes.
→ Não tomar decisões importantes nos primeiros tempos, se for possível (mudança de casa, mudança de trabalho etc.).

→ Sobre filhos, enteados e pessoas idosas: avalie se você precisa de ajuda para cuidar das outras pessoas enlutadas que demandam mais atenção.

A maioria das culturas ocidentais não encoraja o debate sobre a morte. Enterros e despedidas são difíceis, e não é preciso seguir nenhuma cartilha. Até mesmo as tarefas culturalmente estabelecidas podem remeter a sentimentos contraditórios. Comece por onde você está no luto.

Indique no diagrama onde você está nesse processo todo, desde que perdeu seu amor. Pontue o que já viveu e que sentimentos surgiram.

Rituais

Pagamentos

Cerimônias

Pertences

Outros

Lista de sugestões para quem se oferecer para ajudar

→ Divulgar a notícia da morte, do velório e das cerimônias.
→ Fazer compras e refeições.
→ Ajudar no pagamento de contas.
→ Cuidar das crianças e/ou pessoas idosas.
→ Arrumar a casa.
→ Ser motorista.
→ Ajudar no levantamento dos documentos necessários.

OUTRAS SUGESTÕES

1
2
3
4
5
6

Para você que perdeu o seu amor

 Agora é hora de se aprofundar: há algo que você já tenha feito, mas gostaria de fazer novamente de outra forma? Alguma pendência? Quais desses tópicos são mais difíceis?

Rituais sem manual de instrução

O luto é o processo natural de adaptação a um novo mundo sem o seu amor. Os rituais de despedida podem suavizar uma caminhada que é sempre difícil. Há aqueles rituais clássicos e quase automáticos quando se pensa em despedidas: velórios, obituários, desfazer-se dos pertences. Tudo isso ajuda a elaborar o luto, mas é preciso pensar em algo que faça sentido e seja confortável para você.

Os rituais ajudam em vários sentidos:

1. São um espaço para expressar emoções.
2. São uma forma de relembrar a vida do seu amor e todos os bons momentos que tiveram juntos.
3. Ajudam na assimilação da perda e dão concretude à transição para uma vida sem seu amor.
4. Criam oportunidades de estar com sua rede de apoio e pedir ajuda ou receber solidariedade.
5. Facilitam a elaboração da perda e ajudam a dar significado e contorno à experiência.

Algum ritual faria sentido para você? Não há necessidade de seguir passos predeterminados. Esse poderá ser um momento de conexão entre vocês e uma maneira de homenagear o que ambos viveram.

As perguntas a seguir podem ser úteis:

→ Como o seu amor gostaria de ser celebrado?
→ Qual é a fé ou prática espiritual do seu amor e da sua família? Ou seu amor preferiria que não houvesse nenhuma ação nesse sentido?
→ Que músicas, histórias, comidas e eventos lembram o seu amor e o honrariam?
→ Como a família e os amigos podem se despedir e prestar homenagens?
→ Quem são as pessoas que gostariam de participar?

Outra parte dos rituais é a despedida de itens materiais, como roupas e outros bens pessoais. Não existe uma única forma de lidar com isso.

Algumas perguntas norteadoras:

→ O que você gostaria de guardar?
→ A quem você gostaria de presentear com o que pertenceu ao seu amor?
→ As doações poderiam se destinar a uma instituição que faça sentido para você ou para o seu amor?
→ Você gostaria de usar a aliança, guardá-la ou transformá-la em outro objeto (um pingente, por exemplo)?

Rituais sem manual de instrução

Desenhando rituais para celebrar meu amor

RITUAL(IS) QUE GOSTARIA DE FAZER:

As minhas, as suas e as nossas lembranças

O tempo de cada pessoa é único, bem como o desejo ou não de manter memórias materiais de quem morreu. Não se apresse em tomar decisões se não tiver segurança.

Caso você tenha itens do seu amor que são importantes e significativos para vocês, uma possibilidade é criar uma caixa de lembranças. O objetivo é reunir objetos e pertences especiais. Você pode compor essa caixa no decorrer do tempo, e sempre que tiver necessidade ou sentir saudades saberá que ali as lembranças estarão protegidas.

Pense no que você gostaria de colocar na sua caixa. Não considere apenas objetos, mas também algo simbólico. O que lembra o sorriso do seu amor? Alguma característica marcante?

Reflita também sobre o sentido dos elementos dessa caixa. Por que você escolheu cada um deles?

Se sentir vontade, decore a caixa, deposite cartas para o seu amor. Ela não será apenas um objeto, mas um armazém de memórias.

Nossa caixa de lembranças

ITENS PARA A CAIXA DE LEMBRANÇAS

1
2
3
4
5
6

Nosso laço, nosso elo

Aqui daremos destaque às alianças. Caso você esteja confortável com o destino dado a elas ou ainda precise de um tempo para pensar nisso, fique à vontade para pular este capítulo ou retornar a ele quando achar pertinente. O mesmo vale caso vocês não as usassem.

Independentemente do ritual que foi realizado para a troca das alianças, esse é um símbolo importante. As sociedades antigas já lançavam mão desses objetos para representar o elo entre duas pessoas. Aquilo que une e representa socialmente seu compromisso com seu amor é um algo muito simbólico.

Para vocês, o que significavam as alianças? Consegue se lembrar de como se deu a escolha dos anéis? Qual foi o ritual escolhido para a troca das alianças? Quem estava presente? Vocês usaram anéis durante o namoro ou noivado?

Conecte-se com esse objeto. Sinta o peso e o contorno dele. Quais são os sentimentos evocados quando você usa a aliança? Que palavras são suscitadas por esse exercício?

Para você que perdeu o seu amor

Sobre nossas alianças

Nosso laço, nosso elo

Por serem tão representativas, pode ser difícil se desfazer delas. Seja pelo simbolismo, pelo hábito ou pela marca concreta e simbólica que elas deixarão, também tornarão concreta a perda do seu amor.

Que sentimentos surgem quando você usa a aliança mesmo depois de ter se despedido do seu amor? Segurança, lembrança, saudade? Acolha esses sentimentos e perceba que não há um destino único para esse objeto, que é parte importante da relação com o seu amor.

Lembre-se de que o tempo é uma variável importante, mas não determinante para ditar seu processo de luto. Não há momento certo ou ideal para essa tarefa.

Se for muito dolorido apenas tirá-la do dedo, podemos pensar em alternativas, como transformá-la em um pingente. Vale sempre a máxima do que faz sentido para você e para o seu amor.

Importante: tudo bem se você preferir continuar usando a aliança (no dedo, num cordão, onde quiser). O fundamental é escolher aquilo que o(a) deixa mais confortável.

Laços que nos unem

*A morte é o fim da vida, mas não
de um relacionamento.*
ROBERT WOODRUFF ANDERSON

Por muito tempo se achou que, para se elaborar um luto, seria necessário se desligar da pessoa que morreu e investir em novas relações. No entanto, hoje se sabe que a manutenção do vínculo pode ser um meio importante de lidar com a perda; é o que permite deixar a pessoa ir fisicamente, por saber que continuará presente de outras maneiras.

Os vínculos contínuos são os laços invisíveis que unem você ao seu amor, seja por meio das memórias afetivas, das conversas, das manias, dos ensinamentos deixados, dos valores compartilhados…

Algumas perguntas podem ajudar a identificar os legados que seu amor deixou na sua vida:

→ O que você aprendeu com seu amor?

Para você que perdeu o seu amor

→ O que você acha que ele(a) diria agora para ajudá-lo(a) a enfrentar esse momento difícil?
→ Do que ele(a) mais gostava em você?
→ O que faz você se sentir mais pertinho dele(a) quando tem vontade?
→ O que você gostaria que as pessoas soubessem sobre o seu amor?

OS LEGADOS DO MEU AMOR:

1
2
3
4
5
6

A nova identidade (meu novo mundo sem você)

Ao perder quem se ama, é comum sentir que uma parte sua também se perdeu, ou ter certa dificuldade de se reconhecer sem o olhar da pessoa amada. Afinal, muito do que você é hoje foi moldado em parceria com o seu amor — sua concepção de mundo, seus gostos, interesses, costumes, normas, planos, sonhos...

Mudar o status de "casado(a)" para "viúvo(a)" gera um estranhamento, assim como se acostumar com o "eu" ao invés do "nós". É difícil deixar de pertencer a uma equipe, não poder dividir decisões e responsabilidades. Inevitavelmente, as mudanças advindas da perda exigem uma nova identidade. Um novo jeito de ser e estar no mundo.

Para você que perdeu o seu amor

Descreva características que o(a) representavam antes e como você quer ser representado(a) a partir de agora.

COMO EU ERA

A nova identidade (meu novo mundo sem você)

COMO QUERO SER AGORA

Reaprendendo papéis

Além da perda do seu amor, a dinâmica do casal se rompe e as lacunas anunciam que uma nova organização será necessária. É provável que vocês já tivessem um modo de gerir as tarefas da casa, da rotina, dos filhos, das finanças, da burocracia. Vocês formavam uma boa equipe. Agora, além de realizar as próprias tarefas, você precisa lidar com as que eram do "departamento do seu amor", e isso é exaustivo! Ainda mais em um processo de luto, em que as emoções e o senso de segurança já estão mais fragilizados.

Se for possível, faça uma lista com as tarefas que eram de sua responsabilidade e outra com as tarefas que eram de responsabilidade do seu amor.

Para você que perdeu o seu amor

MINHAS TAREFAS

1
2
3
4
5
6

AS TAREFAS DO MEU AMOR

1
2
3
4
5
6

Reaprendendo papéis

Talvez você se veja capaz de assumir alguns papéis ou com maior disposição para desenvolver as capacidades necessárias para executá-las. Porém, é possível que outras funções sejam delegadas a profissionais, familiares, amigos... Dividir as tarefas nesse momento é a melhor maneira de não se sobrecarregar.

Agora, volte para a sua lista e analise que afazeres podem ser delegados: "Quem pode me ajudar com isso?"

TAREFAS EM QUE PRECISO DE AJUDA

1
2
3
4
5
6

Para você que perdeu o seu amor

QUEM PODE ME AJUDAR

1
2
3
4
5
6

Novos relacionamentos

É possível que você já tenha ouvido perguntas sobre quando você vai se relacionar novamente com alguém, como se essa fosse a resolução para a saudade e o luto. E, dependendo do momento do luto em que você se encontra, isso pode soar até ofensivo.

Mas é importante saber que não existe um único destino após a perda de um grande amor —várias possibilidades podem ser vivenciadas.

Estar só

Talvez você sinta necessidade de estar só, de se fechar para os conselhos bem-intencionados, de não querer estar entre os casais que lhe façam lembrar ainda mais da sua falta. Talvez você simplesmente não tenha cabeça para pensar em novos relacionamentos.

A solidão pode ser uma companheira constante nesse processo, uma presença silenciosa que aponta para todas as ausências dos momentos que antes eram compartilhados.

Em uma relação, é natural que as identidades se entrelacem, e a perda pode deixar incertezas sobre a sua individualidade — gostos, interesses, decisões, projetos futuros. Portanto, talvez você prefira desfrutar desse momento para explorar a própria companhia, se (re)conhecer a partir da perda, desenvolver (ou resgatar) *hobbies* e habilidades.

Optar pela solitude, encontrando paz e conforto na própria companhia, também é um caminho que deve ser respeitado.

Conhecer pessoas

Passar por momentos de carência, querer se sentir desejável ou simplesmente ansiar por uma parceria para conversar e partilhar momentos é uma necessidade humana totalmente compreensível.

Isso não significa mergulhar em um novo relacionamento amoroso, mas estar aberto a novas experiências de afeto e conexão.

As pessoas que entram na sua vida após a perda conhecem uma versão sua totalmente diferente, e esse outro olhar pode contribuir para a sua autopercepção. Trocas, interações, novas perspectivas, novas sensações, tudo isso favorece a construção da sua nova identidade.

É possível amar de novo?

Um dos grandes desafios de quem perde o grande amor é voltar a se relacionar amorosamente. Muitos receios, preocupações e inseguranças podem dificultar essa abertura, como:

Novos relacionamentos

- temer que um novo relacionamento seja uma traição à memória do seu amor;
- se preocupar com o julgamento das pessoas — "sinal de que já superou", "foi rápido demais", "já esqueceu", "está em outra";
- temer voltar a enfrentar uma perda — "será que vale a pena me envolver e correr o risco de sofrer?"
- temer que a relação não seja genuína, mas apenas uma forma de tamponar a carência e a solidão;
- comparar constantemente o novo relacionamento com o anterior.

Talvez você se questione se existe um *tempo ideal*, mas é importante saber que a disponibilidade para um novo relacionamento caminha junto com o processo de elaboração do luto. Assim, em um primeiro momento, pensar em conhecer alguém talvez pareça errado, absurdo ou sem sentido — afinal, seu coração ainda está tentando assimilar a ausência e todos os sonhos interrompidos.

Porém, com o tempo e o caminhar do seu processo de luto, o interesse em conhecer uma nova pessoa pode começar a aparecer — mesmo com medo! Os questionamentos e inseguranças fazem parte dessa etapa. Talvez pareça confuso administrar um amor eternizado com um amor em construção.

Amar é um ato corajoso que implica enfrentar o desconhecido, o risco, a entrega à vulnerabilidade. A possibilidade de perder é inerente ao amor, por mais doloroso que seja se dar conta disso. Pense: se você soubesse que perderia o seu amor, abriria mão de tudo que viveram para evitar o sofrimento?

Para você que perdeu o seu amor

MINHAS REFLEXÕES SOBRE NOVOS RELACIONAMENTOS

Levo o passado para minhas novas relações?

Embora, muitas vezes, pareça óbvio que você está vivendo um luto, para quem está de fora isso não é tão explícito assim — ainda mais para quem está lhe conhecendo agora e não tem um parâmetro de como você era antes.

Dessa forma, cabe a você decidir *quando, com quem* e *quanto* você quer falar sobre o seu amor. Nem todas as pessoas que você conhecer daqui em diante precisam saber detalhes do seu luto. Falar sobre isso pode fazê-lo(a) revisitar lembranças e sensações, e tudo bem querer se poupar disso.

Caso você esteja iniciando um novo relacionamento amoroso, pode ser confuso lidar com as "visitas" inesperadas do seu amor, que continua a se fazer presente nos detalhes, nas lembranças, nas datas significativas. Conciliar as novas experiências com memórias passadas é desafiador, mas é algo que costuma ir se ajustando aos poucos. Isso demonstra que o processo não precisa ser excludente, ou seja, estar feliz em uma nova relação não anula o que foi vivido anteriormente — nem impede que haja momentos difíceis de saudade e tristeza.

É impossível controlar os seus sentimentos, mas é possível utilizar algumas estratégias para construir um novo relacionamento sólido e baseado na confiança:

→ Priorize a honestidade — uma comunicação aberta é essencial para que ambas as partes expressem seus sentimentos, expectativas, medos e inseguranças, o que cria um espaço seguro para o crescimento mútuo.
→ Fale sobre seu luto, sua forma de lidar com esse processo, o que lhe conforta, como gosta de receber ajuda, situações que deseja que sejam respeitadas.
→ Tenha paciência consigo e com o(a) novo(a) parceiro(a) — cada um pode precisar de um tempo e de um jeito diferentes para lidar com os desafios que surgirem.
→ Permita-se criar novas memórias. Embora o passado tenha um lugar precioso, o presente e o futuro também merecem a sua atenção.

Construir um novo relacionamento após uma perda não significa apagar os capítulos anteriores da sua história, mas escrever novos.

Levo o passado para minhas novas relações?

POSSÍVEIS CAMINHOS PARA LIDAR COM MEU NOVO AMOR

Quando procurar ajuda profissional

A intenção deste livro é ser um corrimão para ajudar você a atravessar o luto pela perda do seu amor. Em muitos casos, esta obra, sua rede de apoio e sua sabedoria serão suficientes para enfrentar este momento de mudança.

No entanto, às vezes, as coisas se complicam. E, nessas horas, pode ser útil procurar ajuda profissional específica, como uma terapia especializada em luto. Esse apoio constitui um solo firme para o enfrentamento dessa travessia tão delicada. Um espaço de reflexão e expressão de sentimentos sem julgamento, um lugar seguro para elaborar a experiência de perda e recomeço.

Como saber se você precisa de terapia de luto ou outra ajuda profissional? Alguns sinais podem ajudar você a decidir se é hora de buscar um tipo de apoio mais estruturado:

1. **Dificuldade, por um longo tempo de entrar em contato** com a dor da perda e com tudo que esteja relacionado ao seu amor.

2. **Dedicação excessiva ao trabalho** para evitar entrar em contato com a dor da perda.

3. **Sensação de que seu luto está "congelado"**, que não se transforma ao longo do tempo. É como se, desde a data da morte, o tempo não tivesse passado, e as ondas de dor e tristeza continuam com a mesma frequência e intensidade.

4. **Ansiedade forte e que não passa.** A ansiedade de separação é uma reação normal e esperada após a perda de um amor, bem como o medo de perder outros entes queridos. Mas se ela está causando grande sofrimento e não parece melhorar com o tempo, é importante buscar ajuda.

5. **Culpa intensa.** O sentimento de culpa faz parte do processo de luto. Os frequentes "e se" são uma tentativa de ter controle diante de uma situação que não pode ser evitada. No entanto, espera-se que esse sentimento vá diminuindo ao longo do tempo. Caso a culpa seja acentuada, em especial quando se tratava de uma relação repleta de sentimentos muito intensos — tanto de amor, como de raiva —, é recomendável buscar ajuda profissional.

6. **Raiva intensa.** É difícil aceitar facilmente a realidade da morte, e diante da ausência do seu amor você pode sentir raiva e protestar. O sinal de alerta surge quando o sentimento não diminui com o tempo e atrapalha as relações sociais e de trabalho.

Quando procurar ajuda profissional

7   **Adoecimentos frequentes**, inclusive com queixas semelhantes às que seu amor vivenciou. Nesse caso, também é necessário buscar ajuda médica.

8   **Dificuldade de gerenciar o autocuidado, as tarefas do cotidiano e o trabalho.** O processo de luto é árduo e demanda grande energia. É natural que você sinta que está mais difícil lidar com a vida neste momento. No entanto, caso perceba que essa dificuldade não parece melhorar com o tempo, procure ajuda.

9   **Desespero e sentimento de que a vida não vale a pena ou não tem sentido.** O desespero é uma reação normal e esperada após uma perda significativa. Diante da constatação de que a perda é irreversível, somos obrigados a renunciar a uma relação que contribuía para a construção da nossa identidade. Tal vivência nos tira o chão, levando-nos a rever a vida e quem somos sem nosso amor. É natural que sintamos que a vida perdeu o brilho e o sentido. Porém, quando esse sentimento não parece se transformar ao longo do tempo, de forma que permita o encontro de novos sentidos e possibilidades no viver, a psicoterapia é indicada.

10 **Incapacidade de sentir prazer ou antecipar felicidade.** Quando nada do que você fazia antes parece lhe dar prazer e nenhum aspecto da sua vida traz felicidade — nem mesmo a sensação de antecipar um momento feliz no futuro —, procure apoio psicoterápico.

11 **Ideação suicida.** A perda do seu amor deve estar tão insuportável que você pode desejar morrer para acabar com tanto sofrimento. Muitas pessoas, em momentos de dor profunda, ao não vislumbrarem outra saída, desejam morrer. É fundamental procurar ajuda.

12 **Aumento no consumo de bebidas alcoólicas e drogas.** O abuso de álcool e drogas pode ser uma tentativa de se anestesiar diante de uma dor muito grande. Ao encontrar um espaço para expressar essa dor, é possível que a necessidade de mascará-la diminua. Nesse caso, atendimento psiquiátrico também pode ser necessário.

INSTITUIÇÕES QUE OFERECEM PSICOTERAPIA DO LUTO/GRUPOS DE APOIO

4 ESTAÇÕES INSTITUTO DE PSICOLOGIA
https://www.4estacoes.com/

LABORATÓRIO DE ESTUDOS E INTERVENÇÕES SOBRE LUTO (LELU)
www.pucsp.br/clinica/atendimento.html

PROGRAMA DE ACOLHIMENTO AO LUTO (PROALU)
www.proalu.com.br/

INSTITUTO VITA ALERE
www.vitaalere.com.br/

INSTITUTO ENTRELAÇOS
www.institutoentrelacos.com/

LUSPE INSTITUTO DE PSICOLOGIA
www.luspe.com.br/

MAPA DA SAÚDE MENTAL
www.mapasaudemental.com.br/

O olhar de quem viveu a perda do seu amor

Em *Para você que perdeu o seu amor*, as psicólogas Leticia Carneiro, Maria Lívia de Abreu, Marianne Branquinho e Luciana Mazorra oferecem um guia sensível e prático para a elaboração do luto da viuvez.

Longe de fórmulas mágicas ou clichês de superação, o livro acolhe a dor, reconhece a complexidade das emoções e oferece ferramentas para a reconstrução da identidade e a busca de um novo sentido na vida.

Com a precisão de um mapa e a delicadeza de um abraço, as autoras nos convidam a revisitar o passado, a honrar a memória do ente querido e a abrir espaço para o futuro.

Com atividades reflexivas, exercícios práticos e caminhos de reconstrução, a obra aborda temas delicados, como a genealogia do amor perdido, os rituais de despedida, a gestão das emoções, a importância da rede de apoio e a possibilidade de construir novos relacionamentos.

Para você que perdeu o seu amor é um farol na escuridão do luto, um companheiro gentil que nos lembra de que não estamos sozinhos nessa jornada. Trata-se de um livro para ser lido, relido e, acima de tudo, vivido.

Rafael Stein
Escritor e palestrante

Este é um livro sensível e prático que ajuda o enlutado a reconhecer e elaborar os sentimentos vivenciados no processo de luto. Uma leitura acolhedora e respeitosa para quem perdeu o seu amor. Recomendo demais!

Luciana Carvalho Rocha
Psicóloga e escritora

Anexo I – Guia da despedida: principais providências práticas

Quando se perde um amor, pode ser difícil organizar pensamentos e planejar certos aspectos práticos do processo de despedida.

As orientações a seguir consideram alguns dos principais passos após a morte de um ente querido. Esperamos que elas possam ajudá-lo(a) nos primeiros tempos da sua viuvez.

Comunicação

Talvez você não sinta disposição para interagir com ninguém. Assim, a comunicação do falecimento pode ser delegada a outrem. Uma estratégia possível é usar o "efeito-cascata". Uma ou mais pessoas dão a notícia para as pessoas mais próximas, que, por sua vez, são convidadas a contar para os outros. As redes sociais são úteis: um "anúncio" com datas importantes como velório, enterro/cremação ou homenagens pode ser criado e partilhado. Cabe avaliar se haverá um obituário e quem será responsável por redigi-lo.

Para você que perdeu o seu amor

Primeiras medidas

Após o falecimento de alguém querido, diversas medidas burocráticas são necessárias. Elas variam de acordo com a circunstância da morte: se foi em hospital ou em casa; se foi decorrente de adoecimento, acidente ou morte por suicídio; se foi em território nacional ou no exterior.

Busque sua rede de apoio: advogados, médicos, autoridades. As agências funerárias e o seguro funeral também podem ajudar. Se seu amor trabalhava em uma empresa, o departamento pessoal poderá lhe orientar.

Finalmente, conte com pessoas próximas que tenham mais experiência. O importante é que você tenha apoio e delegue tarefas que não sejam exclusivamente de sua responsabilidade.

Algumas das atividades serão providenciar documentos do seu amor, o atestado de óbito e ir ao cartório. Com essas medidas iniciais, será possível seguir com os próximos passos.

A despedida

Como mencionamos no capítulo sobre rituais, o luto requer tempo e espaço para que as emoções sejam processadas. Apenas você sabe qual tipo de despedida honra seu amor e é viável. As decisões sobre o local e a duração do velório, enterro, cremação ou homenagens são importantes e devem atender às suas necessidades e às de seus entes queridos.

Após decidir como deseja proceder, as principais escolhas envolvem o local, formato e horário das cerimônias. Além disso, você precisará tomar decisões práticas sobre qual serviço

Anexo I — Guia da despedida: principais providências práticas

funerário contratar, escolher o caixão, decidir se haverá coroas de flores, como vestir seu ente querido e outros detalhes que ajudem a criar um ambiente acolhedor para você e para aqueles que ama.

Tomar decisões em um momento tão difícil é desafiador. Por isso, busque apoio. Pense no que é significativo para você e o seu amor. Considere também as suas possibilidades financeiras. Lembre-se: o essencial é que a despedida honre seu amor, e isso pode ser alcançado por meio de pequenos detalhes.

A cerimônia pode contar com "santinhos", bebida, comida, fotos, filmes e outros. Mas lembre-se, nada disso é obrigatório — só se fizer bem ao seu coração e estiver dentro de suas possibilidades.

Se quiser, você pode orientar as pessoas a fazer doações ou outro tipo de contribuição em vez de enviar flores. Você também pode pedir que escrevam lembranças sobre o seu amor em um livro ou caderno, se isso lhe trouxer conforto.

Decida se alguém vai dizer algumas palavras na hora da despedida. Pode ser você, uma pessoa próxima ou uma autoridade religiosa, conforme os seus valores e relações. Pode haver um texto ou vídeo, ou palavras improvisadas. O seu jeito é o jeito certo!

Pagamentos e outras decisões financeiras

É importante escolher um responsável para cuidar dos pagamentos, avaliando se serão ou não parcelados. Considere que, em caso de inventário, o acesso aos recursos financeiros leva tempo. Inclua essa possibilidade no seu planejamento.

Inventário

Se houver bens, será necessário iniciar o processo de inventário em até 60 dias a partir do falecimento do titular dos bens. Respeitar esse prazo é importante para evitar multas e complicações legais. Para abrir o inventário, você precisará de um(a) advogado(a) e terá de escolher o inventariante (geralmente alguém da família ou um amigo próximo).

Os principais documentos necessários são:

→ certidão de óbito;
→ RG e CPF do seu amor e dos herdeiros;
→ comprovante de residência;
→ testamento, caso haja;
→ documentos que comprovem a posse dos bens (escrituras, contratos, etc.).

E depois?

Algumas decisões serão tomadas após o velório. O que fazer com as cinzas em caso de cremação? Algum ritual religioso que faça parte da sua cultura (missa de sétimo dia, por exemplo). Haverá lápide? Se sim, o que escrever nela?

Em capítulos anteriores, falamos sobre homenagens e sobre como lidar com roupas e objetos do seu amor.

Lembre-se: além de atestado de óbito, enterro/cremação e inventário, nada disso é urgente. Tome seu tempo e faça tudo sendo gentil consigo mesmo(a).

Anexo II – Usando aplicativos de relacionamento e redes sociais com segurança

É possível que você tenha decidido tentar um novo relacionamento, seja ele casual ou não. Este "guia" oferece algumas reflexões para que sua segurança seja preservada. Atualmente, os aplicativos são um meio comum e seguro de se relacionar, desde que você tome alguns cuidados. Lembre-se, nem todos dizem a verdade no mundo virtual (tampouco no real, mas é mais fácil mentir sob a proteção da tecnologia).

Nem todas as pessoas estão familiarizadas com as possibilidades — e os riscos — de interações no ambiente virtual. Estas interações por vezes abrem portas para novos laços de amizade ou algo mais, mas também podem gerar prejuízo — financeiro, à sua integridade física, à sua reputação — ou simplesmente constrangimento.

Para você que perdeu o seu amor

Três etapas de preparação para se aventurar em um aplicativo

1. Primeiro decida até que ponto você pretende se expor. Certas informações não devem ser partilhadas (senhas, dados financeiros e documentos, por exemplo). Outras permitirão maior acesso à sua intimidade — por exemplo, se você inserir seu nome completo ou sua conta no Instagram. Entre o total recolhimento e a exposição absoluta, há inúmeras possibilidades.

    Talvez você seja uma figura pública ou alguém que usa as redes para exercer sua profissão. Pode ser que não saiba direito como restringir o acesso às suas contas. Ou, simplesmente, que escolha se expressar "em alto e bom som" para os usuários de aplicativos e redes sociais. Em todos os casos, é importante ponderar: é interessante que uma pessoa ainda desconhecida acesse suas fotos, seu histórico profissional, seus pontos de vista etc.? Se não lhe parecer, não compartilhe seus dados — você tem esse direito. Considere mudar o *status* de suas contas para acessíveis apenas mediante solicitação. Peça ajuda se precisar de apoio tecnológico. Jamais se sinta na obrigação de compartilhar seus dados e endereços virtuais. É possível se relacionar dentro da proteção dos aplicativos e escolher em que ritmo suas informações serão partilhadas.

2. Escolha o aplicativo que mais se parece com você. Você descobrirá que há opções para vários públicos, incluindo

Anexo II – Usando aplicativos de relacionamento e redes sociais com segurança

faixa etária, orientação sexual e interesses. Há aplicativos mais restritivos em termos de público, outros menos. Vale pesquisar na internet, entre suas redes de apoio, entre quem já usou.

O importante é encontrar um ambiente compatível com seus valores e preferências e permitir-se experimentar. A maioria dos aplicativos tem uma seção com dicas de segurança. Não deixe de lê-la!

3. Por último, é hora de construir um perfil: que mensagem você gostaria de transmitir? Decida se quer falar mais ou menos sobre si. Perfis com fotos são mais procurados, assim como aqueles com pelo menos um parágrafo que descreva quem você é. O perfil dá pistas sobre seus interesses, sua disponibilidade e suas restrições. Ao mesmo tempo, evite compartilhar informações que o(a) deixem vulnerável, como aquelas que permitam que pessoas desconhecidas localizem sua residência ou local de trabalho. A maioria dos aplicativos terá um questionário no qual é possível não apenas falar sobre você como definir os critérios de quem você procura. Nos planos pagos, você terá mais controle sobre quem está acessando seu perfil e poderá decidir com quem prefere interagir (mas é possível ter sucesso sem fazer esse investimento).

E se der *match*?

1. Tome seu tempo e vá no seu ritmo. O ideal é dar um passo de cada vez.

2   Inicie a conversa no próprio aplicativo. Você pode perguntar sobre o que viu no perfil da pessoa, falar de seus gostos, contar um pouco do seu dia a dia. O importante é avaliar o interesse da pessoa, se você identifica alguma afinidade ou se algo lhe traz desconforto. Confie nos seus instintos e tenha calma para, no seu tempo, dar o próximo passo.

3   Quando sentir segurança, migre para um aplicativo de mensagem, como WhatsApp ou Telegram. Você sai da proteção do aplicativo, mas obtém mais fluidez na conversa. E lembre-se: é possível bloquear o contato a qualquer momento.

4   Algumas pessoas gostam de realizar uma videoconferência (Google Meet, Zoom, Microsoft Teams, por exemplo) antes de se encontrar pessoalmente. Ver o contato "ao vivo", com a mediação de uma tela, é útil para checar se a pessoa é a mesma da foto, perceber como flui a conversa e avaliar a linguagem corporal do outro lado. Trata-se de mais uma checagem de segurança para ter certeza se o perfil é ou não verdadeiro (infelizmente, algumas pessoas mentem ou criam perfis falsos).

5   Se chegar a hora do encontro presencial, tome as seguintes medidas básicas de segurança: a) procure um lugar público, de preferência familiar; b) dê preferência a encontros diurnos; c) avise alguém da sua confiança que está indo para um encontro (e conte para o outro que to-

Anexo II – Usando aplicativos de relacionamento e redes sociais com segurança

mou essa medida); d) considere seriamente os riscos de entrar no carro ou ir à casa de alguém que você acabou de conhecer.

Dito tudo isso, não há uma regra sobre a distância entre a primeira conversa e o primeiro beijo, ou mesmo algo mais íntimo. O importante é que você acompanhe seus sentimentos, recuando se necessário e tomando as devidas precauções.

Lembre-se sempre: você não precisa fazer nada desconfortável, pode dizer não quando necessário e desistir do processo a qualquer momento. Desconfie se a outra pessoa não respeitar seus limites.

Além disso, se não sentir vontade, não é necessário revelar a sua história de amor. A cada passo, como num relacionamento no mundo analógico, você fará novas escolhas à medida que conhece melhor a outra pessoa.

Boa sorte na sua busca e não desanime: pode não ser fácil no começo, mas com o tempo você vai adquirir mais experiência.

Anexo III – Indicações de leitura

Adichie, Chimamanda Ngozi. *Notas sobre o luto*. São Paulo: Companhia das Letras, 2021.

Devine, Megan. *Tudo bem não estar tudo bem*. Rio de Janeiro: Sextante, 2021.

Didion, Joan. *O ano do pensamento mágico*. Rio de Janeiro: Harper Collins, 2021.

Forsythia, Shelby. *Sobre viver o luto — Um guia reconfortante para enfrentar o dia após dia depois de uma perda*. Bauru: Astral Cultural, 2021.

Guerra, Cris. *Para Francisco*. Rio de Janeiro: Best Seller, 2017.

_____. *Fundo do poço, o lugar mais visitado do mundo — Notas de viagem*. São Paulo: Melhoramentos, 2021.

Jalbut, Júlia. *Uma casa que não pode cair*. São Paulo: Planeta, 2023.

Montero, Rosa. *A ridícula ideia de nunca mais te ver*. São Paulo: Todavia, 2019.

Orriols, Marta. *Aprender a falar com as plantas*. Porto Alegre: Dublinense, 2022.

Rocha, Luciana. *Nem covarde, nem herói. Amor e recomeço diante de uma perda por suicídio*. Divinópolis: Gulliver, 2022.

SANDBERG, Sheryl. *O plano B — Como encarar adversidades, desenvolver resiliência e encontrar felicidade*. Rio de Janeiro: Fontanar, 2017.

YALOM, Irving; YALOM, Marilyn. *Uma questão de vida e morte — Amor, perda e o que realmente importa no final*. São Paulo: Paidós, 2021.

www.gruposummus.com.br